BEI GRIN MACHT SICH IHR WISSEN BEZAHLT

- Wir veröffentlichen Ihre Hausarbeit, Bachelor- und Masterarbeit

- Ihr eigenes eBook und Buch - weltweit in allen wichtigen Shops

- Verdienen Sie an jedem Verkauf

Jetzt bei www.GRIN.com hochladen und kostenlos publizieren

Bibliografische Information der Deutschen Nationalbibliothek:

Die Deutsche Bibliothek verzeichnet diese Publikation in der Deutschen Nationalbibliografie; detaillierte bibliografische Daten sind im Internet über http://dnb.d-nb.de/ abrufbar.

Dieses Werk sowie alle darin enthaltenen einzelnen Beiträge und Abbildungen sind urheberrechtlich geschützt. Jede Verwertung, die nicht ausdrücklich vom Urheberrechtsschutz zugelassen ist, bedarf der vorherigen Zustimmung des Verlages. Das gilt insbesondere für Vervielfältigungen, Bearbeitungen, Übersetzungen, Mikroverfilmungen, Auswertungen durch Datenbanken und für die Einspeicherung und Verarbeitung in elektronische Systeme. Alle Rechte, auch die des auszugsweisen Nachdrucks, der fotomechanischen Wiedergabe (einschließlich Mikrokopie) sowie der Auswertung durch Datenbanken oder ähnliche Einrichtungen, vorbehalten.

Impressum:

Copyright © 2017 GRIN Verlag, Open Publishing GmbH
Druck und Bindung: Books on Demand GmbH, Norderstedt Germany
ISBN: 9783668459502

Dieses Buch bei GRIN:

http://www.grin.com/de/e-book/367458/die-hohe-minne-und-reinmar-der-alte-swaz-ich-nu-niuwer-maere-sage

Olesja Yaniv

Die "Hohe Minne" und Reinmar der Alte "Swaz ich nu niuwer maere sage"

GRIN Verlag

GRIN - Your knowledge has value

Der GRIN Verlag publiziert seit 1998 wissenschaftliche Arbeiten von Studenten, Hochschullehrern und anderen Akademikern als eBook und gedrucktes Buch. Die Verlagswebsite www.grin.com ist die ideale Plattform zur Veröffentlichung von Hausarbeiten, Abschlussarbeiten, wissenschaftlichen Aufsätzen, Dissertationen und Fachbüchern.

Besuchen Sie uns im Internet:

http://www.grin.com/

http://www.facebook.com/grincom

http://www.twitter.com/grin_com

Justus-Liebig-Universität Gießen
FB 05 – Sprache, Literatur, Kultur
Institut für Germanistik
WS 2016/2017
Seminar: Minnesänger - Festgänger? Mittelhochdeutsche Liebeslyrik und höfische Kultur

Hausarbeits-Klausur

Lexikoneintrag: Die Hohe Minne
und
Reinmar der Alte: *Swaz ich nu niuwer maere sage*

Olesja Yaniv

Studiengang Deutsch/Englisch Lehramt L3

Inhaltsverzeichnis

1. Lexikoneintrag „Hohe Minne"...1

2. Der Aufführungsrahmen und der Sitz im Leben in Reinmar des Alten Lied Swaz ich nu niuwer maere sage..4

    2.1 Das Leben des Reinmar des Alten 4

    2.2 Das Preislied Swaz ich nu niuwer maere sage...4

    2.3 Zusammenfassung und Fazit..10

Literaturverzeichnis..13

1. Lexikoneintrag „Hohe Minne"

Die „hohe Minne" beschreibt das vorherrschende Motiv der Dichtung der Gattung Minnesang und war ein wichtiger Bestandteil der Kultur im Mittelhochdeutschen von 1050 bis 1350. Darunter lässt sich zusammenfassend die höfische Liebe des Mittelalters verstehen, aber auch Nächstenliebe, religiöse Liebe oder Freundschaft. Die Darstellungsform der Minne ist der Minnesang. Die Entstehung des Minnesangs lässt sich auf das 12. Jahrhundert datieren und wird als Liebeslyrik bezeichnet. Darüber hinaus kann diese Gattung in 6 Phasen einordnet werden, von der Frühphase des vorhöfischen Minnesangs um 1150/60 bis zur zweiten Spätphase des späthöfischen Minnesangs um 1210-1300. Die Entstehung der hohen Minne am Hof lässt sich hierbei in die zweite Phase einordnen, die sogenannte erste Hochphase von 1170-1200.

Ende des 12. Jahrhunderts entwickelt sich das Konzept der hohen Minne als Kunstform und beschreibt nicht die Eroberung einer verheirateten adligen Frau, der Minnedame (als *vrouve*, *wîp* oder *diu guote* bezeichnet), durch einen adligen Mann, sondern die Verehrung und Hingabe an diese. Insgesamt bleibt die hohe Minne eher platonisch. Die angebetete *vrouve* wird mit einem Ideal gleichgestellt, das für den Mann unerreichbar ist. Die Zurückweisung durch die *vrouve* und dem damit verbundenen Liebesleid verarbeitet der Dichter in seiner Kunst, dem Minnesang, ebenso die Tatsache, dass diese Beziehung niemals zustande kommen kann. Darüber hinaus kann man in der hohen Minne keine erotische Erfüllung finden, denn diese würde das Ende des künstlerischen Strebens bedeuten.

Das komplexe System der hohen Minne kann auf 3 Ebenen beschrieben werden: der Funktionsebene bzw. der Fiktion 1. Stufe, der Fiktion 2. Stufe und der Realitätsebene (s.Abb.1).

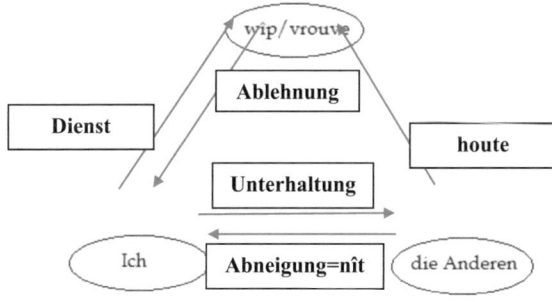

Abb. 1: Funktionsebene des Minnesangs, Fiktion 2. Stufe

Die Funktionsebene besteht aus den 3 Hauptakteuren „Ich", „*wîp/vrouve*" und „die Anderen". Das Ich entspricht dem Minnesänger, welcher die *vrouve* verehrt, von ihr jedoch nur Ablehnung erhält. Diese Verehrung wird innerhalb der Funktionsebene als „der Dienst" bezeichnet. Die Unerreichbarkeit der *vrouve* ist für das Ich eindeutig negativ; dennoch empfindet das Ich auch die Erreichbarkeit der Dame als negativ, denn dadurch wäre sie geschändet und nicht mehr rein; das würde dazu führen, dass das Ich kein Interesse mehr an der *vrouve* hätte. Dennoch wirbt das Ich weiter um die Dame, denn er existiert durch und für sie. Des Weiteren unterhält das Ich die Anderen, erfährt von ihnen jedoch eine Abneigung (*nît*). Abgewendet vom Ich, stehen die Anderen auf der Seite der Dame; diese Beziehung wird als *houte* bezeichnet. Darüber hinaus sorgen die Anderen ebenfalls dafür, dass die vorgegebene Distanz zwischen dem Ich und der *vrouve* weiterhin besteht und sich keine Nähe entwickelt. Die Stellung der Dame ist eine durchaus positive, denn sie bleibt unerreichbar für das Ich; sollte sie sich verfügbar erklären, würde ihre Position keiner positiven mehr entsprechen, sondern einer negativen. Die Gesamtheit der *vrouve* kann als „summum bonum" bezeichnet werden – das höchste Gut, höchste Ziel und der letzte Zweck des moralischen Handelns (vgl. Heller 1997: 10).

Diese Handlung des Minnesangs als literarische Form wird auch als Fiktion 2. Stufe bezeichnet und ist in die Fiktion 1. Stufe, der analytischen und abstrakten Reflexionsebene eingebettet. Diese Ebene beschreibt die Fiktion 1. Stufe als einen höfischen Dienst und besteht aus den Komponenten „Klage", „Preisung" und „Referenz". Die Klage des Ichs erfüllt eine Läuterung bzw. ethische Verbesserung. Zur Läuterung gehört auch das Streben nach Anerkennung und einem Lohn, der dem Minnesänger zusteht, und ebenfalls viel Ausdauer, wenn der Sänger diese Anerkennung und den Lohn nicht erhält. Die Referenz besteht aus Personen, welche den Minnesang als Kunstform bewerten und den Gesang als Kunstform anerkennen, die sie unterhält und ihnen Freude bereitet (s. Abb. 2).

Abb. 2: Fiktion 1. Stufe

Der äußere Ring der Realitätsebene umfasst diese beiden Fiktionsebenen und besteht aus dem Sänger, dem Publikum und der Realität, in der die Liebe echt ist, da der Minnesang fiktiv ist. Die Minnelyrik ist eine ästhetische Form und die hohe Minne ist hierbei bloß ein Schein, wobei der Minnesang nicht einer Rollenlyrik entspricht, sondern einer Bekenntnislyrik, d.h. das „Ich" ist auf der Realitätsebene ebenfalls enttäuscht über die Zurückweisung der Dame. Innerhalb diesen Rollen herrscht außerdem eine Beziehung zwischen dem Realen, dem Imaginären und der Fiktion 1. Stufe, dem höfischen Dienst. Während das Imaginäre den Vorstellungen und Idealen des 12. – 13. Jahrhunderts entspricht, wird die Realität der Ehe des Mittelalters gleichgesetzt. Berücksichtigt man nun dieses Verhältnis, kann somit der Minnesang als Rollenlyrik betrachtet werden. Er ist nichts desto trotz eine Aufführungsform und dient der Unterhaltung, welche als eine Kunstform von einem Sänger aufgeführt wird. Der Text der Minnelyrik lebt durch die Performanz des Sängers; der Dichter trägt den Text nicht nur für das Publikum vor, sondern generiert durch jede individuelle Aufführung einen neuen, einmaligen Text. Das Performanz-Ich entspricht dem Vortragenden, während der Autor dem Dichter entspricht. Das Text-Ich existiert nur textintern und steht in einem Verhältnis zum Performanz-Ich, indem es den Text durch Verkleidung und Stimmveränderung kreiert.

Eine zweite, wichtige Funktion der hohen Minne ist der Dienst an der Gesellschaft: Der Minnesänger hat die Aufgabe, sein höfisches Publikum an die höfischen Umgangsformen und -normen zu erinnern; auch den Umgang den Damen gegenüber. Nur wer diese befolgt, hat Ansehen verdient. Somit ist der Minnesang mit dem Konzept der hohen Minne auch eine ethische Lehre an die Gesellschaft.

2. Der Aufführungsrahmen und der Sitz im Leben in Reinmar des Alten Lied *Swaz ich nu niuwer maere sage*

2.1 Das Leben des Reinmar des Alten

Reinmar der Alte, oder auch Reinmar von Hagenau, war einer der bedeutendsten deutschen Minnesänger der zweiten Hälfte des 12. Jahrhunderts. Auf seine Lebensdaten kann man nur aus Handschriften schließen, da er nie urkundlich erwähnt wurde. Daraus lässt sich ableiten, dass „Reinmar", wie er in den Sammelhandschriften bezeichnet wurde, weder dem Adel noch dem Niederadel angehörte. Da Reinmar in mehreren Handschriften auffindbar ist, kann man davon ausgehen, dass er von Beruf Hofsänger war. In Gottfried von Straßburgs Werk „Tristan" um etwa 1210 betrauert dieser den Tod Reinmars und bezeichnet Reinmar als „Nachtigall von Hagenau", da er offensichtlich als der bedeutendste deutschsprachige Lyriker angesehen wurde. So wird außerdem vermutet, dass Reinmar der Alte einem Ministerialengeschlecht abstammt, das in Hagenau im Elsass seinen Sitz hatte. Dies ist jedoch lediglich eine Vermutung. Da Hagenau im Elsass als die wichtigste Pfalz der Staufer galt, wird auch vermutet, dass Reinmar der Alte lediglich dort berühmt wurde, aber seine Wurzeln nicht dort liegen. Aus einigen Liedern lässt sich entnehmen, dass Reinmar, wie viele Minnesänger seiner Zeit viel reiste, um an verschiedenen Orten aufzutreten; so auch am Wiener Hof, wo er Walther von der Vogelweide kennen lernte und fortan in engem Kontakt mit ihm stand.

2.2 Das Preislied *Swaz ich nu niuwer maere sage*

Mit einer typisch dramatischen und fesselnden Aussage eröffnet Reinmar der Alte sein berühmtes Preislied und stellt sowohl sich als auch sein Anliegen vor. Die Schlüsselmotive des Liedes sind Frauenpreis und Leiden über die Unerfüllbarkeit der Minne. Reinmar nimmt die Haltung eines Unterhalters ein und spricht wie ein Sänger sein Publikum direkt an.
Die erste Strophe weckt Erwartungen, welche jedoch zugleich enttäuschend sind: Denn niemand soll ihn, den Sänger, fragen. Laut dem Sänger gibt es wieder nichts Neues, nur die konstante Tatsache, dass er nicht froh ist und wieder die altbewährte Minneklage aufführen muss. Eine solche Aufführung kann auch die *friunde* missmutig machen und ihm Spott einbringen. Diese Eröffnungsrede erfüllt mehrere Funktionen: Zum einen ist es eine konventionelle Demutsformel, mit welcher der Minnesänger sich im Voraus schon für den Fall entschuldigt, dass sein Publikum nicht zufrieden ist (vgl. Hensleigh 1965: 172).

Gleichzeitig stellen diese Zeilen eine Herausforderung für die Zuhörer da. Sollte ein Mangel an Neuigkeiten jemanden verärgern, dann hat dieser nach wie vor kein Recht ihn zu unterbrechen oder sich zu beschweren, denn er singt nicht das, was das Publikum will, sondern das, was er singen muss. *Ich bin niht frô* (I, V. 2) – nicht die Gefühle des Publikums, sondern seine eigenen sind ausschlaggebend. Des Weiteren grenzt sich Reinmar mit der Eindringlichkeit der Eröffnungsrede von seinem Publikum ab; seine Unzufriedenheit versetzt ihn in eine besondere und unbehagliche Lage. Dennoch befasst sich der Sänger offenbar von Anfang an damit, seine Position zu verteidigen, sich durchzusetzen und seine Haltung zu dramatisieren. Der Sänger wechselt in der ersten Strophe in Vers 5 nun zu seinen eigenen inneren Befindlichkeiten: *Nû hân ich sîn beidiu, schaden unde spot*. Hier betont er, im Gegensatz zu der Enttäuschung und dem Ärger der Zuhörer, sein eigenes Leid. Nicht nur das Publikum ist zweifellos unzufrieden, sondern er auch! Der Sänger leidet sowohl in sozialer Hinsicht als auch persönlich. Ob der Sänger hier seine tatsächlichen Gefühle mit einbringt und mit den Eröffnungsworten auf Spott und Vorwürfe reagiert oder ob er bloß auf das, was den Minnesang ausmacht – die endlose Klage – aufmerksam macht, ist nicht gewiss.

In dieser Strophe wird bereits das Minnesangkonzept sehr hervorgehoben: Denn Reinmar erscheint dem Publikum als jemand, der auf einer Metaebene über seinen Gesang reflektiert und direkten Bezug auf das Publikum und seine Abhängigkeit vom Publikum nimmt. Dies hat zur Folge, dass das Publikum, welches fast ausnahmslos dem Adel angehörte, sich in seiner wertenden und regelnden Funktion bestätigt fühlt. Der Sänger vermittelt dem Publikum somit auch das Gefühl, dass es dem hohen Reflexionsniveau seiner Dichtkunst folgen kann und spricht auch damit dem Publikum viel Bestätigung und Verehrung zu. Somit wird bereits in der 1. Strophe eine wichtige Funktion des Minnesangs erkennbar: die Unterhaltung. Indem Reinmar dem Publikum das Gefühl vermittelt, das Niveau seiner Dichtkunst zu verstehen, deutet er auch auf die besondere Stellung des Publikums hin und ihre Funktionen: Es gibt Erwartungen an das adlige Volk, die auch mit ihrem Auftreten und Verhalten verbunden sind. Reinmar erinnert das höfische Publikum in seinen Versen daran und erfüllt damit eine ganz wesentliche Funktion der hohen Minne im Leben des Adels neben der Unterhaltung: eine ethische Lehre. Darüber hinaus soll der Sänger mit dem Publikum spielen, indem er es auf der einen Seite für sehr bedeutend erklärt und auf der anderen Seite sich selbst aufgrund seiner Qualitäten als unersetzbar darstellt; Der Sänger spielt auch mit dem Publikum, indem er es kritisiert, wie in der 1. Strophe, jedoch ohne, dass das Publikum es ihm übelnimmt (vgl. Hensleigh 1965: 173).

Das Wort *schaden* leitet das zweite Thema des Liedes ein: Ein erotisches Problem. Sowohl die Dame als auch die Gesellschaft weisen ihn ab. Der Sänger schlägt jedoch eine klassische Lösung vor: Wenn ihn die *vrouve* erhört und bei ihm liegt (*ich gelige herzeliebe bî*, I, V. 8), dann hat er *fröiden* und kann darüber singen. Andernfalls wird niemand mehr von seiner Freude am Singen profitieren, wenn er nicht seine Erfüllung in der Liebe findet. Insgesamt ist es eine Erhörungsbitte des Sängers, welche gleichzeitig die *vrouve* für sein Wohl und das Wohl der Gesellschaft verantwortlich macht. Er fordert somit auch, dass Erfüllung in der Liebe und soziales Ansehen Hand in Hand gehen sollten, doch genau das verbietet das Konzept der Minne.

Die zweite Strophe startet Reinmar mit der Frage über seine sozialen Beziehungen. Damit kommt ein neues Problem auf: Die *hôchgemouten* (II, V. 1). Diese sind diejenigen, die den erstrebten *hôhen muot* durch Erfolg demonstrieren und soziales Ansehen genießen. An dieser Stelle ist es sinnvoll zu erwähnen, dass der *hôhe muot* und die *fröide* die Dinge sind, die derjenige erreicht und erfährt, der die Werte und Umgangsformen des Adels, die auch der Minnesang fordert, schätzt und somit Anerkennung verdient. Dieses Konzept und die Bedeutung des Minnesangs in der Gesellschaft repräsentiert Reinmar in dieser Strophe.

Die *hôchgemouten*, welche sich ihrem Stand angemessen verhalten, unterstellen Reinmar, er würde die Dame nicht so lieben, wie er behaupte. Seine Beschwerde belastet nicht nur seine Freunde, sondern beschuldigt ihn auch der Unaufrichtigkeit. Möglicherweise hat er sehr übertrieben die Dame gepriesen oder er hat nach ihrer Liebe zu lange gebeten, sodass seine Hingabe unglaubwürdig erschien. In den folgenden Zeilen bezichtigt er das Publikum der Lüge: *Siu liegent und unêrent sich*. Der Sänger verkündet, dass er die Dame immer sehr wertgeschätzt hat. Das führt den Sänger zu einem weiteren naheliegenden Problem: *Nû getrôste si darunder mir nie den muot*. Reinmar wendet sich von seiner Kritik ab und wendet sich dem erotischen Problem zu. Denn nicht an ihm liegt es, dass die Minne sich als Leid offenbart, sondern an der Dame. Die Dame hat ihm zu keinem Zeitpunkt Hoffnung auf körperliche Nähe und Zuwendung gegeben und verhält sich ungnädig. Dieses Elend muss er ertragen. Die letzten Zeilen der zweiten Strophe sind ein Ausruf der Verzweiflung, welche auch ein Appell an die Dame sind: *mir ist eteswenne wol geschehen, gewinne aber ich nû niemer guoten tac?* (II, V. 8-9). Der Sänger stellt sich abschließend die Frage, ob er jemals wieder glücklich sein würde, wie früher. Mit „früher" ist der Zeitpunkt vor der Minneverpflichtung gemeint (vgl. Hensleigh 1965: 176). Die abschließenden Worte der zweiten Strophe leiten zur dritten Strophe über, in der Reinmar sich von seiner Hoffnungslosigkeit abwendet und seine ganze Aufmerksamkeit der Dame schenkt.

Das *wol* der vorherigen Strophe verstärkt sich nun und spiegelt sich in dem Preisen der Dame wider: *Sô wol dir, wîp, wie reine ein name! Wie senfte du ze nennen und zerkennen bist.* (III, V. 1-2). Es scheint, der Sänger würde zu der Dame sprechen, doch er preist das weibliche Geschlecht, auch in den folgenden Zeilen der Strophe. Allein das Wort *wîp* (Frau) lässt den Sänger schwärmen, wie sanft sich das Wort aussprechen lässt, wie rein eine Frau ist und wie viel Ehrfurcht er vor ihr hat. Es gab nie etwas, das mehr verdient hätte, gepriesen zu werden. Die Perfektion einer Frau kann in herkömmlichen Worten kaum ausgedrückt werden (vgl. III, V. 2-3). Diese Unaussprechlichkeit betont der Sänger durch die Verneinungen *nie niht* (III, V. 3) und *nieman* (III, V. 5), welche den Eindruck einer göttlichen Ehrfurcht erwecken (vgl. Hensleigh 1965: 178). Auch ist das Leben eines Mannes lebenswert, welcher die Treue einer Frau für sich gewonnen hat (vgl. III, V. 6-7). Darüber hinaus schenken Frauen der Gesellschaft *hôhen muot* (vgl. III, V. 8).

Reinmar sagt dennoch auch, *dâ du ez an rehte güete kêrest, sô du bist* (III, V. 4) und das stellt eine Bedingung dar: Das Lob, das eine Frau erhält, gilt nur dann, wenn sie sich an die *rehte güete* hält – wahre Vollkommenheit. Die Frau ist zwar zur wahren Vollkommenheit geschaffen, allerdings fordert es zugleich ein verantwortungsvolles Verhalten.

In dieser Strophe wird sehr deutlich, wie stark das Minnelied in den Aufführungsrahmen der Minnelyrik eingebettet ist: Wie auch in der Fiktionsebene 2. Stufe, wird die *vrouve* als das summum bonum dargestellt und nimmt eine ausnahmslose positive und göttliche Funktion ein, da sie unerreichbar ist und somit wahre Vollkommenheit genießt. Diese wahre Vollkommenheit ist nicht mehr gegeben, sollte die *vrouve* für den klagenden Sänger erreichbar sein.

Es stellt sich ebenfalls die Frage, warum eine solche Preisstrophe in ein *klage*-Lied eingebettet ist. Die Antwort darauf ist ebenfalls eines der Merkmale, die ein Minnelied ausmachen und im Aufführungsrahmen von der Gesellschaft erwartet wurden: Ein Frauenpreis ist in jedem Minnelied notwendig, da die Vollkommenheit der Dame die Grundvoraussetzung für die Minne darstellt.

Nach seinem emotionalen Ausbruch kehrt Reinmar in der 4. Strophe wieder zu seinem vernünftigen und rationalen Ton zurück. Der Sänger spricht zugunsten seines Publikums. Er verteidigt sich erneut und weiterhin gegen die Kritik. In dieser Strophe scheint er jedoch zu sich selbst zu sprechen, anstatt zu seinen Zuhörern. Er fühlt sich verantwortlich, seine Beziehung zu der Dame und sein persönliches Dilemma, zu welchem ihn die Beziehung geführt hat, zu analysieren. Zwei Überlegungen beschäftigen ihn in seinem Herzen (vgl. IV, V. 2), welche schon in Strophe 3 angedeutet wurden: Entweder wird das Ansehen der Dame (*ir hôhe werdekeit*, IV, V. 3) durch seine Schuld vermindert; das Ergebnis dieser Verfügbarkeit der Dame wäre Leid des Sängers. Oder er hofft auf ihr noch größeres Ansehen, jedoch mit der Bedingung, dass sie *mîn und aller manne fri* -steht (vgl. IV, V. 6). In diesem Fall wäre die Folge für den Minnenden ebenfalls das Leid. Beide Varianten *siu tuont mir beidiu wê* (IV, V. 7). Auch diese Zeilen deuten, wie auch die Strophe 3, auf das klassische Minnekonzept der Fiktion 2. Stufe, der Handlung, hin: Durch die Erreichbarkeit der Frau wird ihre wahre Vollkommenheit zerstört und das ist zu vermeiden. Das führt aber auch gleichzeitig dazu, dass sie unerreichbar bleiben muss. Das ist mit viel Leid seitens des Minnenden verbunden. Gleichzeitig ist auch die Fiktion 1. Ebene abgedeckt: Auf einer abstrakten, analytischen Reflexionsebene übt das Ich zugleich eine Bekenntnis- und Rollenlyrik aus, in der das Ich wirklich leidet und der Sänger zugleich in diese Rolle schlüpfen muss. Das Ich vollzieht durch eine Läuterung eine ethische Verbesserung des Preises; das Ich reflektiert in seinem Lied über die Erwartungen des Publikums und der Gesellschaft an die Handlung eines Minnelieds, die Rolle der *vrouve* und auch das Thema der *klage*. Damit leitet Reinmar folgerichtig ab, dass in jedem Fall die Minne in *leit* mündet und somit in der Form einer Klage behandelt werden muss. Die Klage ist nicht nur eine Klage über die „Nicht-Erhörung", sondern auch eine Klage über die „Nicht-Erhörbarkeit" in der Minne; das Thema beschränkt sich nun nicht mehr nur auf die Minne, sondern auf die Bedingungen, Möglichkeiten und Folgen von Minne und der Gattung Minnesang. Dazu zählt auch Reinmars Forderung nach der Möglichkeit, Erfüllung in der Liebe mit dem sozialen Stand bzw. Ansehen zu verbinden, doch aufgrund der Bedingungen der Minne ist das unmöglich (vgl. Heller 1997: 12).

In der 5. Strophe spricht der Sänger erneut zu seinem Publikum und beginnt erneut eine Klage, welche sich an die Klage der ersten Strophe anschließt. Der Sänger strebt nach dem Ansehen und dem Lob der Anderen; er möchte, dass seine Kunst – nämlich sein Gesang und sein Minnelied – die Anerkennung bekommen, die sie verdienen (vgl. V, V. 1-4). Er will nur in einer Sache, dem Singen, ein Leben lang ein Meister sein: *des einen und dekeinen mê, will ich ein meister sîn, al die wîle ich lebe* (V, V. 1-2). In Vers 5 ist deutlich die Läuterung auf der Reflexionsebene erkennbar und damit ein Merkmal der Minne: *Daz nieman sîn leit alsô schône kann ertragen.* Der Minnedienst ist klar erkennbar, denn im hohen Minnesang ist das Thema die Beharrlichkeit im Dienst der Dame; der werbende Minnende ist der Dame ausgeliefert, denn sie steht weit über ihm und gehört einer höheren Schicht an. Somit führt die werbende Anstrengung des Minnenden zu seiner Läuterung. Zu dieser Läuterung gehört auch das Streben nach Anerkennung und einem Lohn, der dem Minnesänger zusteht, und ebenfalls viel Ausdauer, wenn der Sänger diese Anerkennung und den Lohn nicht erhält. Die „Formel" für den Minnedienst ist somit in der 5. Strophe klar erkennbar. Weiterhin klagt Reinmar, dass die Frau der Grund ist, warum er nicht schweigen kann oder gar darf, sondern sowohl seinen Gesang fortsetzen muss als auch den damit verbundenen Minnedienst: *dez begêt ein wîp an mir, daz ich naht noch tac niht kann gedagen* (V, V. 6). Man kann diesen Vers also auf 2 Arten verstehen: Dass der Singende so viel Liebe für die Dame empfindet, dass er seine Gefühle, seine Sehnsucht und seinen Liebeskummer nur durch das Singen verarbeiten kann (Fiktion 2. Stufe, die Handlung), oder, dass die hohe Minne vom Minnesänger fordert, das Thema exakt auszuführen, damit das Publikum unterhalten und belehrt wird (Fiktion 1. Stufe).

Es ist außerdem auffällig, dass Reinmar in dieser Strophe das Ich dazu nutzt, um Sympathie zu erzeugen, indem er eine Identifikation vom singenden Ich und sich selbst erzeugt: das bedeutet, dass Reinmar seine Abhängigkeit vom Publikum sehr wohl bewusst ist, jedoch schafft er es aus der fiktiven Ebene des minnenden Ich heraus in die reale Ebene des singenden Ich und erscheint somit als jemand, der unabhängig ist und die Wahl hätte zwischen dem Singen und Nicht-Singen. Damit wird erneut das Spielen mit dem Publikum deutlich, ähnlich wie in der ersten Strophe (vgl. Heller 1997: 12).

In den letzten Versen dieser Strophe spricht der Minnende darüber, dass er die Abweisung der Dame nun als Freude hinnehmen muss, denn, wie bereits bekannt, hat die Abweisung der Dame zur Folge, dass sie ihre wahre Vollkommenheit und Göttlichkeit nicht verliert. Das ist auch das, was das Ich möchte. Die Ablehnung und Unerreichbarkeit hat jedoch auch zur Folge, dass das Ich keine Erfüllung in der Liebe findet und leidend zurückbleibt. Das formuliert Reinmar im letzten Vers dieser Strophe: *owê, wie rehte unsanfte daz mir doch tuot!* (V, V. 9).

In der 6. und letzten Strophe deutet Reinmar erneut auf das Konzept und Thema der hohen Minne hin: Nach Liebe folgt Liebeskummer, welcher mit Leid verbunden ist; nach diesem Leid erhofft sich der Sänger erneut Liebe, welche wiederum zu Leid führen wird (vgl. VI, V. 1-2). Dass Liebe und Leid eine Art Teufelskreis bilden, spricht Reinmar in Vers 4 an: *daz eine er dur daz ander lîden sol.* Denn nur dadurch bleibt man froh (vgl. V. 3). Dazu ist *klage* notwendig, welche ebenso vom Minnekonzept gefordert wird. In Vers 6-9 berichtet das Ich vom Warten. Hier wird erneut das Konzept der Läuterung sichtbar: Zur Läuterung gehört das Streben nach Anerkennung und einem Lohn, der dem Minnesänger zusteht, und ebenfalls viel Ausdauer, wenn der Sänger diese Anerkennung und den Lohn nicht erhält. Der Sänger wartet also auf die Anerkennung und den Lohn, denn wer geduldig ist, kommt stets voller Freude voran mit seiner Kunst: *swer die gedultecîchen hât, der kam des ie mit vröiden hin.* (VI, V. 7-8). Mit dem Wort *vröiden* kann auch auf die fiktive Ebene des minnenden Ich zurückgegriffen werden, denn *vröide* und *leit* machen die Rolle des minnenden Ich aus; *vröide* ist also notwendig. Im letzten Vers hofft der Sänger abschließenden, dass er Anerkennung und auch seinen Lohn vom Publikum erhält: *alsô dinge ich, daz mîn noch werde rât.* Auch weist dieses im Minnelied ausgeführte Dienst-Lohn-Konzept auf ein Grundmodell des Mittelalters hin, unter anderem auf das damalige Feudalsystem (vgl. Hahn, 1992, S.91).

In dieser Strophe erweist sich die Interpretation als schwierig, denn beim ersten Lesen der letzten Strophe wird der Eindruck erweckt, dass das minnende Ich immer noch von seinem Liebesleid und Kummer singt und dass er hofft, nach langem Warten doch endlich Erfüllung in der Liebe zu finden; möglicherweise hofft er sogar, die Zuneigung der gleichen Frau zu gewinnen, von der er schwärmt, wenn er geduldig bleibt. Dennoch würde es nicht die Funktion und Thematik des Minnegesangs erfüllen, welche die Belehrung des Publikums an ein ihrem Stand angemessenes Verhalten ist. Außerdem verschmelzen in der letzten Strophe die fiktive Ebene und die reale Ebene miteinander, denn Reinmar versteckt in dem hoffnungsvollen Ausruf des Ich nach der geliebten Frau auf eine poetische Weise seine Forderung nach einer angemessenen Entlohnung. Denn eine angemessene Entlohnung entspricht ebenfalls einem angemessenen Verhalten des Adels. An dieser Stelle spürt man erneut, wie raffiniert der Dichter mit dem Publikum spielt, ohne aufdringlich oder unhöflich auf das adlige Publikum zu wirken; trotzdem versteht das Publikum seine Anspielung, denn der Dichter möchte dem Publikum natürlich auch das Gefühl geben, dass es, wie bereits erwähnt, dem hohen Reflexionsniveau seiner Dichtkunst folgen kann (vgl. Heller 1997: 15). Er erscheint ebenfalls nicht notwendig, eine explizite Trennung von dem minnenden Ich und dem singenden Dichter vorzunehmen, da es völlig selbstverständlich für das Publikum ist, dass die Minnelyrik keine Erlebnislyrik ist und dass Reinmar lediglich in die Rolle des Minneherrn schlüpft; eine Verschmelzung von Dichter und dem Ich ist somit undenkbar (vgl. Heller 1997: 16).

2.3 Zusammenfassung und Fazit

Zusammenfassend lässt sich festhalten, dass das Minnelied *Swaz ich nu niuwer maere sage* vom Anfang bis zum Ende eine Zweideutigkeit hat. Der Dichter beschäftigt sich mit zwei fundamentalen Themen, zwei Problemen, für die er nach Lösungen sucht. Bereits in der ersten Strophe werden diese zwei Themen vorgestellt. Zuerst spricht der Sänger zu seinem

Publikum und klagt über das fehlende Ansehen seiner Kunst (sowohl als Künstler als auch als Hofdienender). Er kritisiert den Mangel an Freude. Darauf folgt ein weitaus größeres Problem: Er erfährt keine Erfüllung in der Liebe und trauert. Anschließend werden beide Probleme in einer einzigen Aussage vereinigt: dem Streben nach sozialer und erotischer Erfüllung (vgl. Hensleigh 1965: 192).

Die zweite Strophe setzt sich in ihrem Aufbau fort, wie die erste. Zuerst betont der Dichter die gesellschaftlichen Probleme, indem er über die Beschuldigungen an ihm beklagt. Daraufhin fokussiert er sich erneut auf das Problem mit der Dame: sie hat ihm nie Anerkennung und Nähe geschenkt und er muss dieses Leid nun ertragen. Abschließend drückt der Dichter seine Hoffnungslosigkeit in der Gegenwart und in der Zukunft aus.

Die dritte Strophe stellt einen Gegensatz zu den vorherigen Strophen dar, denn diese Strophe ist eine klassische Preisung der Dame, wie es das Konzept der Minne verlangt. Er ist der emotionale Höhepunkt des Liedes und handelt von der Perfektion und Güte der Dame. Der Sänger beendet diese Strophe mit einer erneuten Klage über die unzufriedenstellenden Bedingungen: die Unerreichbarkeit der Dame und fehlende Erfüllung in der Liebe. Diese Strophe stellt ebenfalls eine direkte Umkehrung zur zweiten Strophe dar, denn die erste Strophe ist zu Beginn an das Publikum gerichtet, während die dritte an eine Dame gerichtet ist (vgl. Hensleigh 1965: 193). Danach folgt im zweiten Teil der ersten Strophe eine Auseinandersetzung mit den erotischen Erfüllungen, in der dritten hingegen folgt eine Auseinandersetzung mit den gesellschaftlichen Umständen.

In der vierten Strophe analysiert der Dichter seine Stellung, welche erneut von seinem sozialen Ansehen handelt und der erotischen Situation. Liebe und soziales Ansehen sind zwei gegensätzliche Dinge und können nicht gemeinsam betrachtet werden, dennoch möchte der Sänger Erfüllung in beidem erreichen. Die Polarisierung dieser beiden erreicht ihre Intensität in der vierten Strophe.

Die fünfte Strophe reflektiert noch einmal die erste Strophe und führt diese fort: Denn der Dichter strebt nach Anerkennung und muss sich in Duldsamkeit üben. Reinmar greift hier auf ein ganz wesentliches Merkmal der Minnelyrik – die Läuterung – zurück.

In der finalen Strophe spricht der Dichter erneut das adlige Publikum an und versteckt in seiner Hoffnung, dass das Warten ihn endlich zu seiner Erfüllung führen wird, die Botschaft, dass er angemessen entlohnt werden möchte und erinnert das adlige Publikum somit an den erwarteten Umgang.

Alle Strophen ergeben eine Einheit und scheinen eine Beziehung zueinander zu haben. Sehr deutlich ist auch von Anfang an, dass das Publikum im Mittelpunkt steht und sowohl unterhalten als auch auf seine Stellung und Funktion hingewiesen werden soll. Damit wird der Sitz des Minnesangs im Leben des Minnesängers und des adligen Publikums in diesem Minnelied in jeder Strophe ganz besonders sichtbar: Der Minnesänger erfüllt den Minnedienst, er hat das Publikum mit den vorgegebenen Thematiken und Konzepten der Minnelieder zu unterhalten und gleichzeitig den Adel mit dem Minnelied auf die angemessenen Umgangsformen und das damit verbundene gesellschaftliche Ansehen hinzuweisen.

Man kann davon ausgehen, dass es den Minnedienst nur in der dichterischen Welt gab, da die Rollen von Minneherrn und der Minnedame sehr übertrieben sind und so kaum in der Realität existieren konnten. Andererseits steht fest, dass der Minnesang auf die höfische Ebene bezogen ist und nur innerhalb der höfischen Welt Einfluss hatte. Somit ist die Minne eine ethische Lehre von den höfischen Tugenden und von der Beachtung höfischer Umgangsformen. Damit hat der Minnesang eine wichtige gesellschaftliche Bedeutung: Denn die Werte, die der Minnesang darstellt und fordert, zeichnen jemanden aus, der sich seinem adligen Stand angemessen verhält. Und nur wer diesen Forderungen gerecht wird und die richtigen Umgangsformen, auch gegenüber den Damen, beherrscht, hat *vröide* und *hôhen muot* und somit auch gesellschaftliches Ansehen verdient. Der Minnesang hat neben seiner Unterhaltungsfunktion die wichtigste Funktion, den höfischen Adel darauf hinzuweisen, dass ihr Ansehen nur bewahrt werden kann, wenn ihr Umgang untereinander dem Hofe würdig bleibt (vgl. Hensleigh 1997: 15) und diese Richtlinien erfüllt Reinmar der Alte in seinem Lied voll und ganz.

Literaturverzeichnis

Heller, Christian: vil süeziu senftiu toeterinne. Zum Minne- und Minnesangkonzept Heinrichs von Morungen. Regensburg: Regensburger Skripten zur Literaturwissenschaft 1997.

Hensleigh Wedgwood: Three Songs of Reinmar der Alte. A Formal-Structural Interpretation. Dissertation. München: The Ohio State University 1965.

BEI GRIN MACHT SICH IHR WISSEN BEZAHLT

- Wir veröffentlichen Ihre Hausarbeit, Bachelor- und Masterarbeit

- Ihr eigenes eBook und Buch - weltweit in allen wichtigen Shops

- Verdienen Sie an jedem Verkauf

Jetzt bei www.GRIN.com hochladen und kostenlos publizieren